지은이 노라 니컴
시애틀 아쿠아리움에서 보존 정책 작업을 주도하고 어린이를 위해 과학, 기술, 공학, 수학 교육, 그리고 자연을 주제로 글을 써요. 발표한 책으로 『멸종 위기에 처한 태평양 연안 북서부 범고래 구하기』가 있고, 워싱턴주의 한 섬에서 가족과 함께 살고 있어요. 유난히 좋아하는 구멍을 꼽는다면 바닷가에서 모습을 숨긴 조개가 갑자기 물을 뿜는 구멍이에요.

그린이 로버트 매겅크
어린이 책에 그림을 그려요. 버지니아커먼웰스대학교의 커뮤니케이션 예술학 명예 교수예요. 미시간주 디트로이트의 CCS에서 미술학사 학위를 받고, 블룸필드 힐스의 크랜브룩 예술 아카데미에서 미술 석사 학위를 받았어요. 삽화와 그래픽 디자인으로 지역과 전국, 국제 규모의 상을 300종 이상 수상했어요. 다양한 크기의 구멍이 있는 연필깎이를 좋아해요. 어떤 굵기의 연필이건 깎을 수 있어서 심이 뾰족한 연필로 작업할 수 있으니 말이에요.

옮긴이 강나은
좋은 영미권 책을 찾아 한국에 소개하는 일에도 열의를 느끼고 어린이, 청소년들을 위한 영어 책을 많이 번역했어요. 사람들의 수만큼, 아니 셀 수 없을 만큼이나 다양한 정답 가운데 또 하나의 고유한 생각과 이야기를, 노래를 기쁘게 전달하고 싶어요. 옮긴 책으로 『호랑이를 덫에 가두면』 『스타피시』 『소녀는 어떻게 어른이 되는가』 『발칙한 예술가들』 등이 있어요.

세상의 수많은 구멍을 생각하는 일에 머리를 맞대어 준 모든 이들, 특히 사비나와 나의 할머니 루스에게 바칩니다.
— 노라 니컴

정원 주변에 구멍 파기를 좋아했던 나의 아버지에게 바칩니다.
— 로버트 매겅크

세상의 모든 구멍
알면서도 몰랐던 구멍의 세계

초판 인쇄 2024년 7월 4일 초판 발행 2024년 7월 4일
지은이 노라 니컴 그린이 로버트 매겅크 옮긴이 강나은
펴낸이 남영하 편집 김가원 김주연 전예슬 디자인 박규리 마케팅 김영호
펴낸곳 ㈜씨드북 주소 03149 서울시 종로구 인사동7길 33 남도빌딩 3F 전화 02) 739-1666 팩스 (0303) 0947-4884
홈페이지 www.seedbook.co.kr 전자우편 seedbook009@naver.com 인스타그램 instagram.com/seedbook_publisher
ISBN 979-11-6051-632-6 (77450)

First published in the United States under the title THIS BOOK IS FULL OF HOLES: From Underground to Outer Space and Everywhere In Between
Text Copyright ⓒ 2024 by Nora Nickum.
Illustrations Copyright ⓒ 2024 by Robert Meganck.
Published by arrangement with Peachtree Publishing Company Inc, All rights reserved
이 책의 한국어판 저작권은 에이전시 소사를 통해 Peachtree Publishing Company와의 독점 계약으로 ㈜씨드북에 있습니다.
저작권법에 의하여 한국 내에서 보호를 받는 저작물이므로 무단 전재 및 복제를 금합니다.

 제조국명: 대한민국 | 사용연령: 6세 이상
KC마크는 이 제품이 공통안전기준에 적합하였음을 의미합니다.
종이에 베이지 않게 주의하세요.

• 책값은 뒤표지에 있어요. • 잘못 만들어진 책은 구입하신 서점에서 바꾸어 드려요. • 씨드북은 독자들을 생각하며 책을 만들어요.

세상의 모든 구멍

알면서도 몰랐던 구멍의 세계

노라 니컴 글 로버트 매겅크 그림 강나은 옮김

구멍이 뭐야?

뻥 뚫린 공간.
텅 빈 곳.

속에 아무것도
없는 부분.

하지만 오해하진 마.
아무것도 없기 때문에
오히려 **특별하거든.**

구멍은 아름다울 수도 있고,
놀라울 수도 있고, 쓸모 있을 수도 있어.
아주 무서울 수도 있지.

주변을 한번 둘러봐.
어떤 구멍들이 보이니?

이 책이 꽂혀 있던 책장에도
구멍이 있을지 몰라.

이웃의 코에도 콧구멍이 아닌 다른 구멍이 있을지 모르고.

옷장 속 네 옷도 구멍이 있는 덕분에
입을 수 있는지 몰라. 뭐, 그렇지 않을 수도 있고.

네가 본 어떤 구멍은
동물이 만든 것일 수도 있어.

건축가나 예술가가,
요리사나 기술자가
만든 것일 수도 있고.

구멍의 세계는 아주 **커다래.**
같이 그 속으로 뛰어들어 보자!

구멍은
바닥이 막힌 것일 수도 있고…

어떤 구멍은 움푹하게 패인 채 바닥이 막혀 있어! 이렇게 바닥이 막힌 구멍의 좋은 점은 무언가를 부어도 흘러 버리지 않는다는 거야. 예를 들면 그런 구멍 속에는 시럽이나 꿀이 고여 있게 돼.

**…아니면
양쪽으로 뚫린 것일 수도 있어.**

한쪽이 막히지 않은 구멍도 있어. 바늘구멍처럼 말이야. 실을 꿸 때처럼 무언가를 한쪽으로 넣어서 다른 쪽으로 나오게 할 수 있지.

구멍은 **땅**에도 있고…

2014년에 한 헬리콥터 조종사가 시베리아 북극 지역에서 아주 커다란 구멍을 처음으로 발견했어. 너비가 20미터이고 깊이가 52미터나 되는 엄청난 크기였지. 그 커다란 구멍은 우연한 폭발로 땅에 있던 바위와 얼음이 멀리까지 튀어 나가면서 생긴 거야. 이후로도 그 주변에서 비슷한 구멍들이 발견되었어. 과학자들이 추측하기로는 얼음과 흙 속에 메탄가스가 모이고 그 압력이 높아지면서 언덕이 생겼는데, 그 언덕이 결국 터져 버려 이런 구멍이 만들어졌대. 하지만 메탄가스가 어디에서 왔고 왜 그토록 압력이 높아졌는지는 아직도 미스터리야.

...물속에도 있어.

어떤 구멍은 만들어질 때는 육지에 있었지만, 지금은 바닷속에 있어. 구멍이 저절로 움직여 바닷속으로 간 건 아니야. 1만 5000년 전쯤 빙하가 녹아 물이 되었는데, 그 물이 바다로 흐르니 바닷물이 많아지고 해수면이 높아졌어. 그래서 많은 땅이 바다에 잠겼지. 그러니 한때 땅에 있던 동굴과 깊은 구덩이도 바닷물을 가득 담은 채 바닷속에 자리하게 됐어. 이걸 '블루홀'이라고 해! 블루홀 속 바닷물은 주변 바닷물보다 산소가 적어. 또 과학자들이 연구한 바에 따르면 블루홀은 해양 생태계에 도움이 되고, 독특한 박테리아와 무척추동물들이 살고 있대. 중국 가까이에는 아주 깊은 블루홀이 있는데, 주변 바다보다 305미터씩이나 더 깊대. 카리브해나 홍해 같은 곳에도 있고, 아직 우리가 발견하지 못한 블루홀이 많을 게 분명해.

구멍은 인간이 만들기도 하고…

8만 2000년쯤 전, 지금은 북아프리카가 된 땅에 살았던 사람들은 조가비에 구멍을 뚫었어. 그 구멍 안쪽이 닳고 윤이 나는 것을 보면 아마도 줄에 꿰어 목걸이로 만들었던 모양이야. 고고학자들은 이런 물건들을 연구해서 인간이 언제부터 뜻이 담긴 물건으로 몸을 꾸미고 유행이란 것을 만들었는지 알아내고 있대. 목걸이 만들기는 유럽보다 4만년쯤 먼저 아프리카와 아시아에서 시작된 모양이야.

…인간이 아닌 **동물**이 만들기도 해.

바닷가 모래밭에 텅 빈 조가비가 있고 거기에 작은 구멍이 나 있다면 그건 사실 범죄 현장의 증거일 거야. 조가비 속에 살던 생물이 흔적도 없이 사라진 사건! 그런 짓을 한 범인은 바로 옆줄구슬우렁이야. 바다에 사는 이 생물은 배에 붙은 발에 물을 채우면 30센티미터 정도까지 늘어나는데, 이 넓적한 '배발'로 바다를 기어다녀. 조개를 발견하면 배발로 움켜쥔 뒤, 이빨과 혀 역할을 하는 긴 치설로 조가비에다 구멍을 뚫기 시작하지. 과학자들 말로는 이때 옆줄구슬우렁이가 조가비를 녹이는 산성 물질을 뿜는데, 그렇게 구멍을 다 뚫는 데는 며칠이나 걸린대. 마침내 구멍이 뚫리면 그 속의 조개를 잡아먹어 버리고, 텅 빈 조가비만 바닷가에 남게 되지.

구멍은 **천천히** 생기기도 하고…

자동차를 몰고 가는데 도로의 움푹 팬 곳을 지나가느라 차가 덜컹거리면 짜증이 나겠지? 하지만 그렇게 도로가 움푹 파이는 데에는 자동차의 탓도 있어. 원래 도로에는 이곳저곳 가느다란 틈이 있기 마련인데, 비가 내리면 빗물이 그 틈으로 스며들지. 날씨가 추워지면 스며든 빗물이 얼면서 부풀기 때문에 틈이 더 벌어져. 다시 따뜻해지면 얼음이 녹아 흘러 나가서 도로의 약해진 부분이 푹 꺼져 구멍이 되지. 그 위로 차가 달리면 아스팔트 조각들이 떨어져 나가면서 구멍은 더 커져. 차를 타고 그 자리를 지나는 사람들의 투덜거리는 소리도 더 커지겠지?

...빨리 생기기도 해.

상상해 봐, 버스를 타러 갔더니 땅속 커다란 구멍에 정류장이 빠져 있는 모습을 말이야. '이런데도 학교에 가야 하나' 하는 생각이 들겠지? 그렇게 큰 구멍이 왜 생겨났나 궁금하기도 할 거야. 땅에 석회암이나 소금기가 많으면 그 성분이 물에 녹으면서 땅 밑에 커다란 구멍이 뚫리기도 해. 시간이 흐르면 구멍 위쪽을 덮은 땅이 얇아지다가 결국 무너져 버려. 그렇게 '싱크홀'이라는 구멍이 모습을 드러내는 거야. 싱크홀이 나타나기까지 하루도 안 걸리는 일도 있어!

구멍은 깊을 수도 있고…

1970년에 러시아에서 인류 역사상 가장 깊은 구멍을 뚫기 시작했어. 지질학자들이 지구 바깥쪽인 지각을 연구하기 위해서였지. 이름하여 '콜라 초심층 시추공'. 12.3킬로미터, 그러니까 기린 2,000마리를 쌓아 올릴 수 있을 만한 깊이였지만, 폭이 23센티미터밖에 되지 않았어. 기린이 들어가기에는 너무 뜨겁기도 했지. 지각과 맨틀 안에서 우라늄, 포타슘 속에 있는 방사성 물질이 붕괴되면 지구 내부의 열이 높아지거든. 그런데 이 구멍의 6.4킬로미터 깊이에서 아주 작은 플랑크톤 화석이 나와 과학자들이 깜짝 놀랐어. 깊이 내려갈수록 온도가 높아져서, 쿠키를 구울 수도 있는 섭씨 180도에 이르렀지. 구멍을 파는 기계는 높은 열 때문에 망가질 수밖에 없었고 말이야. 그래서 1992년에 구멍 파기를 멈추었어.

...얕을 수도 있어.

17년매미 애벌레는 땅에 30센티미터 정도 되는 구멍을 파고 들어가. 그 안에서 17년 동안 나무뿌리 수액을 먹으며 살지. 그러다가 날씨가 따뜻해질 무렵, 비로소 성충이 된 수많은 매미 친구가 땅 위로 올라와. 땅에 조그만 구멍을 남기고 밖으로 나온 매미들은 시끌벅적한 잔치를 벌여. 그렇게 몇 주 동안 '맴맴!' 커다란 소리를 내면서 탈피하고 짝짓기를 한 뒤 알을 낳아. 그리고 죽음을 맞이하지. 땅속에서 자라는 기간이 13년인 매미들도 있고, 17년인 매미들도 있어. 미국 동부에서는 2024년, 2025년, 2029년, 또 그 뒤에도 매미 떼가 땅에 조그만 구멍을 내며 솟아올라 올 거야.

구멍은 아주 작은 것도 있고…

비행기 기술자들은 무사히 비행할 수 있도록 비행기 창문 가운데에 구멍을 뚫었어. 후추알보다 작은 이 구멍 덕분에 비행기 안과 밖의 압력 차에도 불구하고 창문이 깨지지 않아. 게다가 습기가 구멍으로 빠져나가기 때문에 창문에 서린 성에로 바깥이 안 보이는 일도 없지.

…어마어마하게 큰 것도 있어.

지구에는 우주 정거장의 우주 비행사에게도 보일 만큼 커다란 구멍이 있어. 구리와 금을 캐내기 위해 인간이 만든 노천 광산이 바로 그 구멍이야. 미국 유타주에 있는 빙엄 캐년 광산은 세상에서 가장 큰 인공 광산인데, 길이가 4.4킬로미터쯤 되고 깊이가 1.2킬로미터쯤 되니까 축구 경기장 서른여덟 개만큼 길고, 미국 시애틀에 있는 고층 빌딩 '스페이스 니들' 여섯 채를 쌓아 올린 높이 보다 더 깊은 셈이지. 광물을 얻기 위해서는 4층 건물 높이의 깊게 뚫은 좁다란 구멍으로 폭발물을 넣어. 폭발로 바위가 깨지면 귀한 광물이 나오는데 그것들을 캐내거나 퍼 올리지.

구멍이 아주 많을 수도 있고…

스프링클러는 구멍이 많아서 물을 널리 흩뿌릴 수 있어. 하지만 날아오르는 물방울들은 아주 작아서 식물 뿌리나 우리 피부에 내려앉지 못하고 마르거나 바람에 날려 가기도 해.

…하나뿐일 수도 있어.

호스는 구멍이 하나뿐이어서 물을 한 줄기로 뿌릴 수 있어. 새들의 목욕통에 물을 채우기도, 친구에게 갑자기 물총을 쏘기도 좋지.

구멍은 **텅 비어** 있을 수도 있고…

몬스테라 잎에는 구멍이 많이 나 있어. 누가 베어 문 것도 아닌데 말이야. 멕시코와 중앙아메리카가 고향인 몬스테라는 대체로 열대의 무성한 숲에서 자라나. 전문가들이 컴퓨터로 모형을 만들어 보는 시뮬레이션 실험을 했는데, 구멍이 많고 커다란 잎이 구멍이 없고 작은 잎보다 햇빛을 더 많이 흡수했대. 또 잎에 구멍이 있으면 구멍이 없을 때보다 더 적은 에너지만으로 자라날 수 있대.

...가득 차 있을 수도 있어.

벌레잡이통풀의 구멍은 곤충과 작은 동물들에게 죽음의 덫이 될 수 있어. 꿀샘에 이끌려 다가갔다가 미끄러운 입구 가장자리에서 안쪽으로 굴러떨어지면 빠져나가기가 어려워. 안쪽 벽은 미끄덩거리는 데다가 아래쪽으로 털이 뻗어 있고 바닥에는 소화액이 고여 있거든. 벌레잡이통풀은 이렇게 걸려든 사냥감을 소화해 흙에서는 얻지 못한 영양분을 얻고, 다음 사냥감이 구멍 속으로 떨어지기를 기다리지.

어딘가로 들어가려고
만든 구멍도 있고…

미어캣 떼는 복잡한 땅굴을 통로 삼아 다니고, 거기에서 열도 식히고 안전하게 쉬기도 해. 자기들이 직접 파기도 하지만 땅다람쥐 같은 동물들이 파 둔 굴을 이용하기도 하지. 또 미어캣은 위급할 때 숨을 수 있는 작은 대피처를 영역 안에 수백 곳쯤 만들어 두고, 그 대피처가 어디에 있는지를 하나하나 기억해(미어캣과 누가 누가 기억력이 좋은가 대결을 하면 네가 이길 수 없다는 걸 명심해!). 먹이를 찾아서 돌아다니다가도 보초를 서는 다른 미어캣이 포식자가 주변에 있다는 경고음을 내면 모든 미어캣이 대피처로 들어가 몸을 숨겨.

미어캣이 땅굴로 들어가려고 만들어 둔 입구들은 비상 탈출구가 되기도 해. 포식자가 땅굴로 쳐들어오면 미어캣이 재빨리 빠져나갈 수 있는 문이 되니까 말이야. 미어캣은 땅굴 중에서 큰 땅굴에서 잠자기를 더 좋아하는데, 아마 빠져나갈 문이 더 많기 때문일 거야.

…나가려고 만든 구멍도 있어.

구멍 때문에 속도가 빨라지기도 하고…

공룡 미니 골프

자동차와 비행기 부품 속에는 무게 줄임 구멍이 있어. 이 구멍 덕분에 자동차와 비행기 무게가 더 가벼워지지. 그래서 적은 연료로 빠르게 이동할 수 있어(물론 짐칸이나 연료 탱크처럼 구멍을 뚫어서는 안 되는 부분들도 있지).

...느려지기도 해.

구멍이 난 공인 '위플볼'은 공기의 저항을 많이 받아서 그리 빠르게 날거나 멀리 나가지 못해. 이웃집 창문을 깨지 않고 야구를 하기에는 좋지만, 홈런을 쳐서 이겨야 할 경기라면 말을 듣지 않아 속상할걸.

구멍 덕분에 숨을 쉴 수 있기도 하고…

고래는 머리 꼭대기에 콧구멍처럼 숨을 쉴 수 있는 구멍이 있는데, 그걸 '분수공'이라고 해. 분수공 덕분에 물 밖으로 몸을 많이 내밀지 않고도 숨을 들이쉬고 내쉴 수 있지. 범고래 같은 이빨고래는 분수공이 하나고 혹등고래 같은 수염고래는 두 개가 있어.

...더위를 이겨 낼 수 있기도 해.

우리 피부에는 땀구멍이 300만 개쯤 있어. 달리기 시합을 하거나 아이스크림 트럭을 쫓아갈 때 몸이 과열되지 않는 건 땀구멍 덕분이야.

북극해의 고리무늬물범은 아주 두꺼운 얼음이 덮인 바닷물에서 헤엄을 치며 물고기나 새우 같은 먹이를 찾아. 하지만 물속에서는 숨을 쉬지 못해서 앞 지느러미발의 발톱으로 얼음에 구멍을 내고는 그 구멍으로 올라와 숨을 쉬지.

구멍 덕분에 생명을 유지할 수 있기도 하고…

...생명이 위험해지기도 해.

그런 구멍 앞을 무서운 북극곰이 지키고 있을지도 몰라. 북극곰이 배고플 때 주로 잡아먹는 것이 고리무늬물범이거든. 그러니까 숨을 쉬려고 구멍으로 올라올 때는 조심해야 해!

구멍이
문제를 일으키기도
하고…

1980년대에 과학자들은 남극 대륙 위의 오존층에서 구멍을 발견했어. 오존은 주로 지상 15~35킬로미터 높이의 성층권에서 발견되는 기체야. 오존층은 태양이 뿜는 해로운 자외선을 막아 줘. 하지만 냉장고, 에어컨, 스프레이 등 염소 가스를 사용하는 물건들이 많이 발명되었고, 대기로 떠오른 염소 가스가 태양을 만나면서 빛의 반응 속도를 높이는 활성 기체가 되었지. 이 기체가 오존을 파괴하면서 오존층에 구멍이 생겼어. 오존층 구멍으로 들어오는 자외선 때문에 우리가 피부암이나 백내장에 걸릴 위험이 커졌어. 1987년에 여러 나라가 몬트리올 의정서에 서명했는데, 세상 모든 나라가 힘을 모아 오존층을 보호하기로 한 첫 조약이었지. 오존층에 구멍을 내는 해로운 가스를 덜 만들고 적게 쓰기로 여러 나라가 뜻을 모았어. 아직도 봄마다 오존층에 구멍이 나타나지만 이런 노력 덕분에 크기가 줄어들고 있어. 휴, 다행이지! 모든 나라가 약속을 지킨다면 2066년쯤에는 오존층의 구멍이 꽤 줄어들 것으로 과학자들은 예측하고 있어.

욕조와 세면대 가장자리에 있어 눈에 잘 띄지 않는 구멍이 문제를 해결해 줄 때도 있어. 거품 목욕을 하고서 물 잠그는 걸 깜빡 잊는다면 넘침 방지 배수구가 도움이 돼. 이 배수구 구멍 덕분에 욕실이 호수처럼 물로 넘치게 될 일은 없을 거야.

구멍으로 **작품**을 만들기도 하고…

중국에서 종이 공예는 1500년 정도 되는 긴 시간 동안 이어져 왔어(중국은 종이가 처음 발명된 나라이기도 하지). 공예가들은 칼과 가위로 종이 한 장에 구멍을 내어, 복잡하고도 상징적인 무늬를 만들어 내. 그렇게 만든 작품은 축하 행사에 사용되기도 하고, 빛이 들어오는 문이나 창문을 장식하는 데 쓰이기도 해.

...음악을 만들기도 해.

기타나 바이올린처럼 줄로 소리를 내는 악기에는 소리가 울리는 구멍이 있어. 덕분에 더 좋은 소리가 나기도 하고, 소리가 더 커지기도 해. 집 안 사람들 귀에 쩌렁쩌렁 울리도록.

구멍은 수수께끼 같기도 하고…

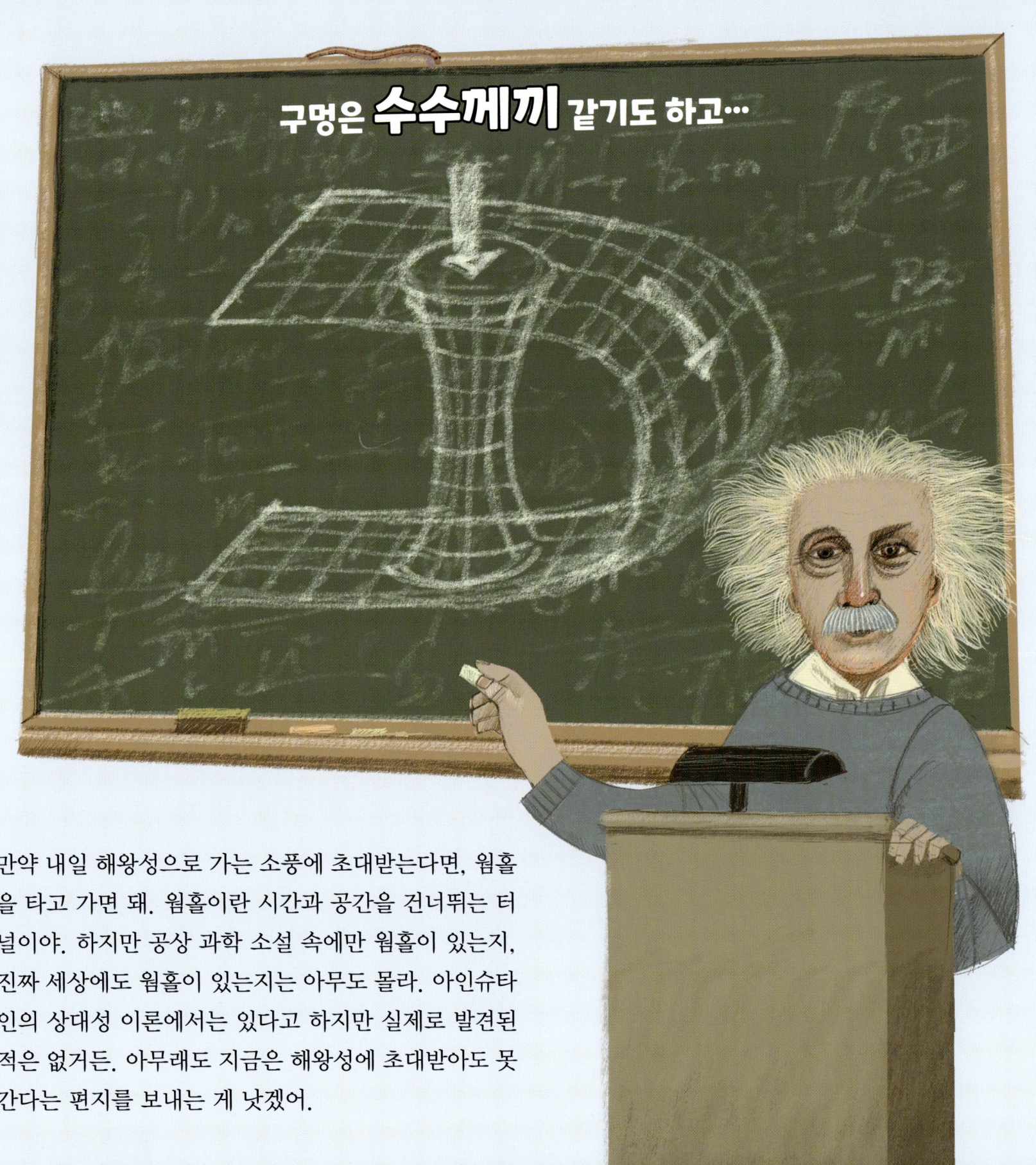

만약 내일 해왕성으로 가는 소풍에 초대받는다면, 웜홀을 타고 가면 돼. 웜홀이란 시간과 공간을 건너뛰는 터널이야. 하지만 공상 과학 소설 속에만 웜홀이 있는지, 진짜 세상에도 웜홀이 있는지는 아무도 몰라. 아인슈타인의 상대성 이론에서는 있다고 하지만 실제로 발견된 적은 없거든. 아무래도 지금은 해왕성에 초대받아도 못 간다는 편지를 보내는 게 낫겠어.

…짜증 나도록
가까운 데 있기도 해.

어쩌면 우리는 웜홀을 타고 먼 곳으로 갈 수 없고, 양말에 구멍조차 나지 않았을 수 있어. 하지만 우리 주변에는 다양한 구멍이 수없이 많고, 구멍은 참 재미있는 존재야! 커다란 구멍이건 작은 구멍이건, 골치 아픈 구멍이건 유용한 구멍이건, 이상한 구멍이건 평범한 구멍이건, 구멍이 없었다면 우리 삶은 지금과는 너무나도 달랐을 거야.

영어는 구멍으로 가득해!

영어에는 구멍(hole)이나 그와 비슷한 말이 들어간 재미난 표현이 많단다. 처음에는 진짜 구멍만을 뜻했지만, 나중에는 다른 뜻도 품게 된 표현들이 있어. 어떤 것들이 있는지 알려 줄게!

옛날 성에는 빛이 들어오는 길도 되고 궁수들이 적에게서 몸을 숨긴 채 화살을 쏠 수도 있는 좁다란 구멍(loophole)이 나 있었어. 오늘날은 규칙이나 법을 어기지 않으면서도 남다르게 행동할 수 있는 방법을 찾았을 때 구멍(loophole)을 찾았다고 말해. 아래에 있는 남자아이는 '저녁을 먹을 땐 바지 필수'라는 규칙에서 구멍을 찾았네.

비둘기 집은 소식을 전달해 주는 비둘기가 잠도 자고 비도 피할 수 있도록 만들어 놓았어. 구멍과 같은 여러 칸으로 이루어졌지. 여기에서 사람을 억지로 비둘기 집 구멍에 넣는다(pigeonhole)라는 표현이 생겨났어. 진짜로 작은 구멍에 사람을 집어넣는다는 것이 아니라, 사람을 너무 좁은 틀로 판단하거나 한 가지 관심사나 기술만 가진 존재처럼 대한다는 뜻이야. 사람은 여러 면으로 이루어졌는데도 말이지.

골프는 골프채로 공을 쳐서 구멍에 넣는 경기야. 보통은 공을 여러 번 쳐야 구멍에 넣을 수 있어. 모래밭에 빠뜨리는 실수도 하고 말이야. 그런데 딱 한 번 친 공이 구멍에 들어가는 일도 있어. 그것을 **홀인원(hole in one)** 이라고 부르지. 하지만 골프뿐 아니라 다른 일에서도 첫 시도에 좋은 성과를 내면 홀인원이라고 표현해. 실제 골프에서 홀인원을 해냈건, 처음 들어 본 긴 단어의 맞춤법을 정확하게 맞혔건, 홀인원은 신나게 축하할 일이야.

논리에 **구멍을 낸다(poke holes)** 는 표현도 있어. 예를 들어 엄마, 아빠가 너에게 늦게 자면 안 된다거나 네 방을 팝콘으로 채우면 안 되는 이유를 말하는데 너는 동의하지 않는다고 해 보자. 엄마, 아빠의 말에 증거도 부족하고 논리도 없다는 점을 지적하는 것을 논리에 구멍을 낸다고 표현해.

꼬마가 모양 맞추기 장난감을 가지고 놀 때 네모난 블록은 동그란 구멍에 맞지 않잖아. 사람도 자기가 어떤 상황에 어울리지 않는다는 생각이 들면 **동그란 구멍에 끼운 네모난 블록(square peg in a round hole)** 같다고 표현해.

위험을 피해 동굴이나 안전한 장소에 숨는다(hole up)는 말에도 구멍이라는 단어가 들어가. 그저 어떤 일에 집중하려고 어딘가에 혼자 있을 때도 이 표현을 쓸 수 있어. 방해받지 않고 재미있는 책을 읽을 때라든지 말이야.

스스로 구멍을 파고 들어간다(dug yourself into a hole)는 표현이 있어. 그건 스스로가 한 일 때문에 난감한 상황에 처할 때를 말해. 그렇게 행동한 이유를 설명하려 하면 할수록 상황은 더 나빠지기도 하는데, 그럴 땐 구멍을 더 깊이 파고 들어간다고 하지. 문제에서 벗어나려면 '구멍 좀 그만 파라'고 누군가 조언할지도 몰라.

작가 루이스 캐럴이 1865년에 발표한 책 『이상한 나라의 앨리스』에 토끼 굴에 빠진다(down the rabbit hole)는 표현이 나와. 주인공 앨리스는 하얀 토끼를 따라 땅속 구멍으로 빠지는 바람에 이상하고 새로운 세상으로 들어가게 되거든. 요즘은 마음을 사로잡는 흥미로운 주제에 관해서 더 많은 정보를 얻으려고 애쓰는 일을 토끼 굴에 빠지는 것이라고 표현해(너도 이 책을 읽고 나서, 구멍에 관한 토끼 굴에 빠졌다고 친구에게 자랑하면 되겠다).

이 구멍은 사실 구멍이 아니야!

방에, 지갑에, 가방에 꼭 **블랙홀(black hole)** 이 있는 것 같다는 말을 들어 봤니? 그건 물건이 자꾸만 사라져서 도무지 찾을 수가 없을 때 하는 말이야. '블랙홀'은 어느 천문학자가 우주에서 일어나는 실제 현상에 붙인 이름이야. 블랙홀은 아주 커다란 별, 그러니까 태양보다도 큰 별이 연료를 모두 태우고 무너져 아주 작은 점이 되면서 생겨.

그 점은 어찌나 깊고 무거운지, 빛마저 끌어당겨 삼켜 버리지! 블랙홀(black hole)이라는 이름만 보면 구멍(hole)인 것 같지만 사실 구멍이 아니야. 엄청난 중력이 가득 찬 공간이지. 하지만 그것도 꽤 멋있어. 과학자들은 1971년에 X선 망원경으로 처음 블랙홀을 보았고, 2022년에는 우리 은하에 있는 블랙홀 사진을 처음으로 찍었대.